AF243105

92e 5/1
186

E.-J. SAVIGNÉ

LETTRES
ELECTORALES

VIENNOISES

PUBLIÉES

Dans le Journal de Vienne & de l'Isère
Pendant la période des Elections Législatives
De Septembre & Octobre 1885

VIENNE

E.-J. SAVIGNÉ, IMPRIMEUR-ÉDITEUR

1885

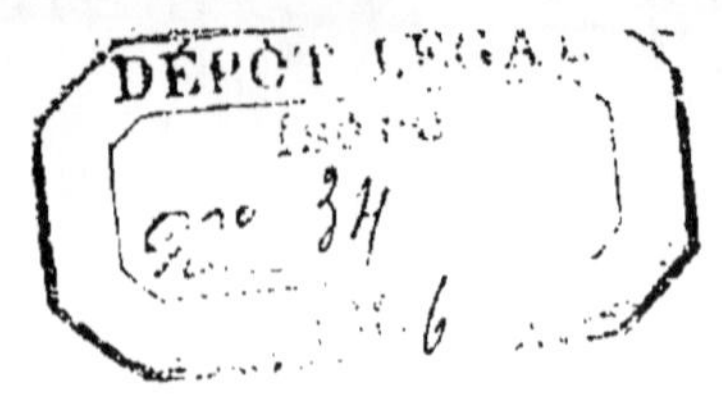
DÉPÔT LÉGAL

LETTRES ÉLECTORALES

VIENNOISES

T 757

E.-J. SAVIGNÉ

LETTRES
ELECTORALES

VIENNOISES

PUBLIÉES

Dans le Journal de Vienne & de l'Isère
Pendant la période des Elections Législatives
De Septembre et Octobre 1885

VIENNE

E.-J. SAVIGNÉ, IMPRIMEUR-ÉDITEUR

1885

Ces lettres, écrites au jour le jour, au courant de la plume, dans un modeste journal, étaient destinées à rester dans l'oubli.

Quelques personnes en ayant jugé autrement, j'ai cru devoir former un tout d'une œuvre éparse, de manière à faire ressortir, — pour l'avenir et d'une façon pratique — les erreurs, les inconvénients et les conséquences de l'application du Scrutin de Liste.

Telle a été ma pensée, tel est le but de ce petit opuscule, offert à mes compatriotes, sans parti-pris politique et surtout sans prétention.

E.-J. S.

LETTRES ÉLECTORALES

VIENNOISES

I

Il me semble qu'il ne sera peut-être pas sans intérêt, durant la période électorale, de faire, en toute indépendance et sans personnalités blessantes, quelques réflexions, impartiales et opportunes , dictées spécialement par l'expérience et la raison.

Je passerai sur les programmes. A quoi bon ces *lieux communs*, ces *vieux clichés*, dont les candidats abusent, qui font hausser les épaules aux gens sérieux et ne peuvent plus dorénavant que satisfaire les badauds? Les candidats les ont-ils tenus, peuvent-ils les tenir? — Non! certainement non! — De même que le serment politique, les programmes et le mandat impératif doivent aller rejoindre les formules démodées.

Quant aux comités c'est un trompe-l'œil, un leurre. Qui les dirige, qui les compose? Des intrigants, des incompris, des nullités très souvent. Il y a bien des exceptions et nous connaissons de fervents adeptes dont la sincérité et l'honorabilité ne peuvent être mises en doute; — mais, pour le moment, les comités ne sont pas la représentation de la *masse,* et, d'une façon générale, c'est une infime *coterie* qui veut tripoter et diriger le scrutin de liste et le suffrage universel.

Voyez d'ailleurs le gâchis : là, c'est un grand électeur qui s'est nommé tout seul; ici, c'est une *minorité* d'électeurs qui a choisi une *majorité* de délégués; ailleurs, les délégués ont été nommés en assemblées *publiques*; d'autres, ce qui est le pire, n'émanent que de réunions *privées*.

Que pensez-vous, d'abord, de ce Comité Grenoblois, composé de 24 membres, qui s'arroge le droit de désigner *tous* les candidats du département, et qui en attribue *cinq* sur *neuf* à l'arrondissement de Grenoble?

Que peut-on espérer encore de cette dernière réunion, de la salle du Gymnase, qui, surenchérissant sur le Comité des 24, se paie le luxe de *sept* candidats, rien que pour Grenoble, et fait l'aumône des deux autres à la Tour-du-Pin et à Vienne ?

Le premier devoir des délégués et des électeurs sera de rappeler ces gens-là à la pudeur, et de n'accorder à Grenoble que *trois* candidats tout au plus, nombre proportionnel qui lui revient.

Et puis, quel drôle de système que l'union, la concentration dont on a tant parlé : voilà six députés, dont deux ont constamment voté contre les trois autres sur *toutes les questions*, le sixième a prudemment tenu un pied dans chaque parti. Eh bien, ces six députés, qui ne sont pas plus d'accord aujourd'hui qu'hier, vont se présenter aux électeurs *sur la même liste , avec le même programme* , et nous aurons ainsi trois de nos députés ayant soutenu Ferry, deux autres ayant demandé sa tête , et le sixième s'étant courageusement *abstenu* .

Telle est, comme on l'a dit, la couleuvre de forte dimension que l'on voudrait nous faire avaler.

Mais ce qu'il y a de plus grave, c'est l'élément *professionnel* qui domine dans les listes. Sur les six députés sortants, cinq sont *avocats*; un seul est professeur-journaliste: c'est presque un *avocat.* Vous croyez peut - être qu'on va choisir d'autres éléments? Pas du tout: on ajoute encore un *avocat*, deux *avocats*, un conférencier, un publiciste.

Et l'industrie, et l'agriculture, et le prolétariat, qui sont la vitalité et la force du département de l'Isère, qui les représentera?

Des avocats, toujours des avocats!

Certes, nous sommes loin de vouloir contester le mérite de nos honorables du barreau ; ils sont gens spirituels et supérieurs, si l'on veut ; d'aucuns savent même faire de longues périodes et arrondir de belles phrases. Mais le budget, l'industrie, l'agriculture, avec leurs malaises, leurs souffrances de toutes sortes, ont besoin d'hommes compétents, spéciaux, pratiques. La future assemblée ne sera pas sur un lit de roses.. Les rêveurs politiques et les politiciens de métier devront rengainer leurs funambulesques programmes, et ce n'est pas avec l'esprit habituel de chicane et de controverse, avec les interpellations, les ordres du jour, les votes de confiance et les renversements de ministères, que l'on pourra approfondir les questions techniques et résoudre les problèmes financiers et sociaux qui se dresseront menaçants devant nous.

13 septembre 1885.

II

Le Scrutin de Liste, selon moi, est une erreur, ou du moins, si le principe paraît bon, l'application est difficile, pour ne pas dire impossible. Quoi qu'on dise, quoi qu'on fasse, il restera en réalité, et pendant longtemps encore, le scrutin d'arrondissement.

Pourra-t-on empêcher à chaque arrondissement de choisir ses candidats, de les imposer et de voter pour eux? — Non. Il arrivera certainement ceci, c'est que les électeurs d'un arrondissement voteront pour leurs candidats et rayeront très souvent, sur leurs listes, les noms des autres.

En résumé, ce nouveau mode de scrutin, non seulement ne changera rien, ne procurera aucun avantage, mais au contraire présentera de nombreuses difficultés, de sérieux inconvénients, lorsqu'il s'agira surtout de coordonner et de former les listes.

Gambetta, qui avait des préférences marquées pour ce scrutin, a vu son *grand* ministère tomber sur cette question. L'éminent tribun, que je suis loin de vouloir rabaisser, était avocat, lui aussi, et avait des théories... et, s'il vivait encore, il pourrait peut-être voir l'arme qu'il a forgée se retourner contre lui.

D'ailleurs, les chauds partisans du scrutin de liste avaient un double but : soustraire d'abord le député à l'influence de clocher (ce qui ne se réalisera pas de sitôt) et ensuite (c'est là le côté grave) permettre au premier venu, à des gens sans feu ni lieu, de venir s'implanter dans un département.

Eh bien! je le crie bien haut, ce double but est déplorable, pernicieux, et la comédie à laquelle nous assistons et qui se joue actuellement dans toute la France, est une preuve évidente à l'appui de ma thèse.

Ne semblait-il pas naturel, en effet, qu'on choisît, comme candidats, dans les départements, et dans les différentes classes de la société des hommes recommandables par leur mérite, leur situation, leurs aptitudes,

leur honorabilité et jouissant de la considération générale ?

N'était-ce pas là une condition essentielle ?

Hélas ! si je jette un regard autour de nous,
j'ai le regret de constater que, parmi les
candidats qui surgissent, bien peu remplis-
sent les conditions que je viens d'indiquer.

J'ai promis de rester dans les généralités,
de n'attaquer personne, et je tiendrai parole.
Pourtant, que vois-je ? — Là, des incapables,
qui sont la risée des électeurs ; ici, des
déclassés, qui n'ont jamais rien pu faire ;
ailleurs, des coureurs de place, qui considè-
rent la députation comme un marchepied ;
plus loin, des intrigants dont on devine
l'appétit et les convoitises ; enfin des députés
sortants, divisés et combattus.

Où sont donc, électeurs, les candidats
sérieux, indépendants et désintéressés ?

Il faut aussi constater un fait, c'est que les
rôles sont renversés : au lieu de voir les électeurs chercher, choisir, solliciter les candidats,
ce sont les candidats eux-mêmes qui montent
sur l'estrade et font le coup de grosse caisse.
— Ne sont-ce pas là des procédés, des ten-
tendances, qui rappellent les mœurs de
l'Amérique ?

Mais ce qu'il y à de pire, c'est l'invasion en province d'une nuée de candidats *exotiques*, qui nous arrivent tout *emballés*, de Paris et d'ailleurs, et qu'il est impossible d'accepter sans réserves.

Voilà des conférenciers, des publicistes, évangélisant les électeurs et semant, selon eux, la parole sacrée. C'est parfait jusque là ; malheureusement, on voit percer le bout de l'oreille, et nos charlatans ne veulent qu'une chose, décrocher la timbale de la députation. — Qu'ils soient élus et vous verrez ce qu'ils feront de leur mandat ! . .

Ils devraient pourtant se figurer, les malheureux, que c'est une sanglante injure qu'ils nous font. Ne viennent-ils pas, en effet, nous dire : vous n'avez pas d'hommes dignes , capables de vous représenter, nous voici, prenez notre ours ? . .

Quant aux Conseillers municipaux de Paris, c'est différent : ils ont généralement abandonné la Province et leurs compatriotes. Pourquoi ? — On l'ignore. Qu'ont ils fait depuis, que sont-ils devenus, quelle est leur situation matérielle et morale ? — On l'ignore encore.

Conseiller municipal de Paris ! . . Quelle

position sociale !.. Il n'y a pas, que je sache, en France, en Europe, dans le monde entier, une réunion de citoyens qui ait commis autant de fautes, soutenu autant d'insanités, proclamé autant d'utopies que cette Assemblée.

Et vous voulez confier la représentation de la Province à un pareil élément ! — Adieu donc, alors, la raison, le bon sens, la propriété, la famille...

En vérité, électeurs, je vous le dis: renvoyez carrément ces personnages à leurs *chères études*.

20 septembre 1885.

III

Le fameux congrès de Grenoble, organisé
par des personnalités remuantes, ne pouvait
être qu'une œuvre bâtarde, péchant par la
base et donnant de fâcheux résultats. Les
délégués étaient, pour la plupart, des manda-
taires sans mandat et sans mandants (quel-
ques-uns même ont été admis... à la porte) et
les candidats ressemblaient à des âmes en
peine, perdues dans d'inextricables programmes et cherchant leur voie, parmi les égarés
des utopies sociales , dans le labyrinthe des
réunions publiques.

La liste éclose, qui sera peut être unique
en France, est bourrée... d'*avocats :* il n'y
avait pas assez de *cinq avocats* sur six
députés sortants, on en a encore ajouté *trois.*

En sorte que si les favorisés du Congrès sont élus, ce qui pourrait bien arriver, la représentation de l'Isère sera composée de *huit avocats* et d'un professeur... en disponibilité.

Il ne manquera plus qu'un médecin pour soigner tous ces malades...

Quelle brillante perspective, que de trésors d'éloquence vont être dépensés et combien sera étincelante et lumineuse cette future Assemblée, placée sous l'égide de Thémis en bonne fortune, et dont les séances seront émaillées d'interpellations, d'ordres du jour et de votes de confiance.

Quant aux réformes pratiques, industrielles, agricoles, sociales, elles devront attendre sous l'orme...... et les comités d'antan, tout aussi bien que les électeurs naïfs, peuvent, dès aujourd'hui, mettre sous clé leurs mirifiques programmes, pour les exhiber de nouveau aux élections législatives, c'est-à-dire aux Etats-Généraux, de l'an de grâce 1889.

C'est le programme de Voiron qui l'a emporté. Les radicaux le trouvent trop anodin, et, chose curieuse, il est, en effet, bien au-dessous de tout ce que comités et candidats s'étaient plu à faire miroiter aux yeux des électeurs. Il est vrai, — on ne saurait trop le répéter, — que l'on abuse des programmes, tout aussi bien que des nuances politiques. L'Assemblée défunte, qui restera célèbre par ses cascades ministérielles et ses luttes intestines, était formée de groupes aussi nombreux qu'imperceptibles : droite, centre droit, extrême droite ; gauche, centre gauche, extrême gauche ; sans compter les opportunistes, les modérés, les radicaux, les intransigeants, etc. — Ne serait-il pas indispensable de voir disparaître ces multiples classifications ?

Par ce temps de candidats commis-voyageurs, deux hommes paraissent vouloir personnifier la politique de la France, Jules Ferry et Clémenceau. Franchement, je ne vois pas pourquoi nous nous attelons au char de ces deux personnalités autoritaires et ambitieuses, se disputant le pouvoir, et voulant, sans souci de nos intérêts, placer leurs denrées *coloniales* et *intransigeantes*, au détriment du pauvre peuple...

Que l'on choisisse le programme de l'un ou de l'autre, le résultat sera le même, car il faut bien se pénétrer de cette incontestable vérité (qui nous aveugle et que nous ne voulons pas voir) c'est que, si ceux qui soumettent les programmes sont assez confiants et insensés pour y croire , ceux qui les acceptent ont l'effronterie et la certitude de ne jamais vouloir ni pouvoir les tenir.

Pour moi, il ne devrait y avoir que deux groupes : les Républicains honnêtes, — et les autres... Et quand je vois des candidats traversant les fleuves, escaladant les montagnes, et voulant tout faire, tout promettre, tout accorder, vraiment je suis tenté de croire qu'ils n'ont qu'un but... toucher leur traitement!...

L'abus amène la réaction et la mauvaise besogne du Congrès devait porter ses fruits. Les griefs sont nombreux : pouvoirs irréguliers, absence de majorité, abus d'autorité, manque de discussion, insolences, en un mot et comme toujours *escamotage !* Aussi les *évincés* gesticulent, vocifèrent, protestent et forment une autre liste...

Les journaux de Grenoble sont *unanimes* pour repousser un candidat désigné par le Congrès, comme représentant la Tour-du-Pin. Faisant volte-face, ils préfèrent celui qui vient après. C'est peu logique. Ce revirement d'ailleurs n'est rien autre qu'une duperie , qu'un calcul intéressé : quatre candidats ne suffisant pas à la gloutonnerie des Grenoblois, le nouveau fera le cinquième. — Quand on prend des candidats on n'en saurait trop prendre.

Il y a aussi des gens qui ne doutent de rien, ce sont les marchands de liquides. Ils se dressent sur leurs ergots, ces messieurs, et avec leur mandat *impératif*, ils veulent en imposer à tous. « Il faut supprimer leurs impôts... » Que chaque industrie, que chaque individualité en fasse autant, et le budget sera vite en équilibre.

La période électorale promet de beaux jours. Jadis Molière et sa troupe parcouraient la province, offrant aux spectateurs des chefs-d'œuvre littéraires et comiques , *les Facheux, Tartuffe, les Fourberies*, etc. A l'instar du grand comédien, nos candidats se sont organisés en troupe dramatique ou plutôt en *syndicat* (ce qui est plus moderne) et viennent de faire publier, à grand orchestre, leur programme et leur itinéraire. Que de succès pour l'art théâtral, quelle bonne aubaine pour les dilettanti.... démocrates.

Espérons, si nos vœux sont exaucés, que nos artistes cosmopolites — à l'abri du *droit qu'à la porte on achète en entrant,* — recueilleront partout des bravos enthousiastes, des couronnes de fleurs, et surtout (ce qui malheureusement est en baisse à la cote) des *promesses électorales.*

27 septembre 1885

I V

Après l'escamotage, la comédie, et si les acteurs sont sur la sellette, les spectateurs pourront s'égayer un peu. Ce n'est vraiment pas trop tôt que les candidats posent comme ils le méritent, et surtout pour... leurs qualités.

Un conseiller municipal de Paris se prend d'un bel amour pour nous, et, dans un élan d'inexprimable lyrisme, il s'écrie triomphalement : « Dauphinois, vous êtes des braves, je ne vous quitte plus ». Voyez-vous d'ici cet édile de la capitale se pendant gravement à la queue de notre habit... Mais, vous n'y pensez pas, citoyen, c'est au milieu des Parisiens que vous avez vécu, c'est avec eux que vous avez livré le bon combat, c'est par eux et pour eux que vous avez brillé... d'un vif éclat, et vous voulez les abandonner. A Paris, vous êtes un héros, dans l'Isère, personne ne vous connaît... O ingratitude des ingratitudes.

Ne voilà-t-il pas aussi un agriculteur à tous crins, un Président de comice agricole, qui pose sa candidature ; il est du crû, c'est un paysan, un laboureur pour de vrai, en blouse et en sabots peut-être, un conférencier agricole même, rien de l'avocat par exemple. — Eh bien ! impossible, les électeurs auront beau le demander et le vouloir, l'agriculteur aura beau crier, faire gémir la presse, impossible ; fut-il un Phénix, il ne sera pas candidat ; il est seul, tout seul. O inconséquence du législateur ! O bizarrerie du Scrutin de Liste !

Enfin, dans la comédie, si les costumes jouent un certain rôle, le physique de l'emploi a bien son mérite ; une physionomie bien grimée assure le succès. — Aussi, cinq ex-députés de l'Isère, qui sont *avocats*, s'intitulent modestement *députés sortants* ; d'autres, aussi *avocats* bien connus, deviennent, sur la liste, de braves *propriétaires*. (Pourquoi ne pas ajouter encore *agriculteurs en chambre ?*) Vrai, Messieurs les candidats, on ne peut pas mieux s'identifier avec son rôle, et, franchement, vous devenez superbes en vous affublant d'un faux-nez.

Et dire que ce programme, ou plutôt cette liste, s'étale sur nos murs, et que les spectateurs (du parterre et des loges) seront encore assez bons enfants pour assister à la représentation sans faire tapage et surtout sans siffler les artistes.

Que j'avais donc raison quand je signalais le trop grand nombre d'avocats !...

Mais qu'apprends-je encore ? — Une dégringolade. Personne ne veut plus du Congrès, le Congrès est en faillite..... Il valait bien la peine de se réunir à la commune, au canton, au chef-lieu d'arrondissement, et enfin à Grenoble. Pauvres comités, malheureux délégués, à quoi avez-vous servi ? Que de temps perdu, d'argent dépensé, pour arriver à quoi ? — A rien, absolument rien !...

En dehors de la liste conservatrice et de celle du Congrès, qui se meurt..., trois autres listes surgissent.

D'un côté, c'est celle dite de l'*Union républicaine*, ou opportuniste, qui, acceptant le programme modéré de Voiron, est patronnée par le *Républicain de l'Isère*; elle

change trois noms sur la liste du Congrès.
D'autre part, c'est une liste formée par
les *évincés*, et patronnée par le *Petit Dauphinois*; elle se dit simplement *progressiste*,
mais elle est formée d'éléments divers et *intransigeants*, et l'on accepte les programmes
les plus avancés. Il y a enfin le *Réveil du
Dauphiné* qui, sur la liste du Congrès,
change un seul nom.

Electeurs et délégués auraient dû savoir
que chaque journal Grenoblois avait dans sa
poche ses bonshommes de candidats, tous de
Grenoble, bien entendu. — Coterie et boutique étaient organisées : c'était la boîte à poli-
chinelle, il n'y avait plus qu'à tirer le crochet.
Aussi le Congrès était condamné d'avance,
et les *exécuteurs* testamentaires de cette assemblée, s'il en reste..... (presque tous ont
protesté et donné leur démission) n'ont plus
qu'à s'entendre avec le syndic et à convo-
quer... les créanciers.

Le Congrès va rester *seul, avec....* son
déshonneur...

J'ai précédemment signalé un danger, et
le Secrétaire du Comité de Bourgoin, M.
Moyroud, l'indique, à son tour, dans une
lettre aux journaux. Selon lui, il faudrait

deux candidats pour l'arrondissement de La Tour-du-Pin ; deux, sinon trois, pour celui de Vienne ; un pour St-Marcellin, et trois, ou quatre au plus, pour Grenoble.

Avec le système suivi, un seul arrondissement (Grenoble) aurait pu avoir presque tous les Députés ; c'eût été une faute et une injustice. Aussi, si un ballotage avait lieu, les trois arrondissements (La Tour - du - Pin, St-Marcellin et Vienne) ne devraient-ils pas se grouper et former spécialement un congrès ? (Un congrès, bien entendu, ne faisant pas faillite...) Poser la question, c'est la résoudre, car, en définitive, si le chef-lieu du département absorbe nos fonds, nous prive de monuments et de chemins de fer, qu'il ne vienne pas encore nous prendre nos députés !

Nos candidats ont continué, cette semaine, leurs tournées.... pastorales. Lundi, il y avait audience au théâtre de Vienne : trois avocats-candidats ont réédité leurs précédentes plaidoiries, et l'un d'eux (berger de ce troupeau) a posé les conclusions. M'est avis que ce berger a été passablement audacieux et presque insolent... L'assemblée étant lasse, on a haussé les épaules. Pourtant, il faut le reconnaître, ledit berger, tout à la fois avocat

Lyonnais et montagnard Dauphinois (Jules Ferry et Clémenceau) est très fort en équilibre (Il a un pied dans chaque camp et figure sur quatre listes). Mais qu'il prenne garde, à force de danser sur la corde, elle pourrait bien casser.

Une affiche monstre s'étale sur nos murs : c'est un manifeste *anarchiste* pronant l'abstention et poussant à la Révolution. « Paysans, dit-on, ne vous nommez plus de maîtres, ne votez plus pour ces menteurs, faites le vide autour de ces candidats trompeurs de la confiance populaire, conservez votre activité d'homme et votre énergie morale pour faire ce qu'ont déjà fait vos pères, il y aura bientôt cent ans : la RÉVOLUTION et la BATAILLE contre ceux qui sont *riches,* la RÉVOLTE contre ceux qui *exploitent.* — Proclamons bien haut : la terre à celui qui la travaille, la machine à celui qui la conduit ».

Et puis, quand ce résultat sera obtenu, est-ce que la question sociale sera tranchée ? Les infirmités, les incapacités, les impossibilités, ne resteront-elles pas le cortège inhérent à l'humaine nature ? La société ne continuera-t-elle pas aussi à se mouvoir dans le même cercle, avec ses hauts, ses bas, ses fautes ses faiblesses, ses vices et ses vertus ? Les heureux d'aujourd'hui ne deviendront-ils pas, forcément et comme toujours, les malheureux de demain ? — Utopie ! utopie !

Certes, loin de moi la pensée de contester les inégalités et les souffrances, de repousser les aspirations naturelles et légitimes. Au contraire. Mais, à quoi bon la violence ? Nos législateurs passés ont peut-être eu un grand tort. Au lieu de se griser de paroles et de théories, de *gorger* des créatures, des intrigants et des incapables ; au lieu de dépenser des sommes folles dans des entreprises sans résultat et des aventures sans but, — n'auraient-ils pas mieux fait d'étudier notre système économique (industriel, agricole) et ensuite de doter notre pays d'institutions de prévoyance et de bien-être pour tous ceux qui ont besoin et qui souffrent, pour tous les invalides du travail et de l'humanité. Dans un pays riche comme la France, devrait-il y avoir encore des malheureux ? — Là est la faute, là est la plaie !

Aux législateurs futurs à aviser.

L'arme homicide et sanglante de l'*anarchie* serait-elle une solution ? —Evidemment non.

Aux électeurs donc à choisir des candidats, avec la seule arme possible, honnête et loyale, le bulletin de vote. C'est, selon moi, avec cet élément — amélioré par l'instruction et la pratique, — que l'on arrivera peut-être à résoudre la question politique et sociale.

4 octobre 1885.

V

Le sacrifice est consommé, et, malgré le succès de la liste républicaine dans l'Isère, la situation générale inspire de sérieuses réflexions. L'élection des conservateurs, dans beaucoup de départements, est un fait matériel, considérable, qui a des causes connues, et dont les conséquences ont besoin d'être méditées.

Il y a des gens qui se figuraient que la France était un pays conquis et que l'électeur pouvait être taillable et corvéable à merci. Le Scrutin de Liste, tout défectúeux qu'il est, a prouvé le contraire. La masse électorale a manifesté son mécontentement, et nos gouvernants n'ont qu'à profiter de la leçon méritée qu'ils viennent de recevoir.

Les chiffres sont plus éloquents que les

paroles, et si, prenant spécialement l'arrondissement de Vienne, nous procédons par
comparaison, les résultats ne sont pas favo-
rables à certains candidats ; ainsi, l'un de nos
députés, qui a eu à Vienne, en 1877, 4652 voix,
en 1881, 3236, n'en a plus, en 1885, que 1106.
N'y a-t-il pas là un signe caractéristique ?..

Pour les autres communes la diminution
est de moitié à peu près, mais ce qu'il faut
reconnaître, c'est que, dans quelques cantons,
les conservateurs ont la majorité.

Un autre fait, anormal et étrange, avec le
Scrutin de Liste, c'est que la plupart des
candidats ne doivent pas leurs succès aux
voix de leurs concitoyens, mais bien plutôt
à celles des autres arrondissements où ils
sont presque *inconnus.*

Que de fautes commises, que de terrain
perdu depuis quelques années.

D'ailleurs, il faut le reconnaître, les dissen-
sions de la dernière Assemblée, les mesures
violentes, les dépenses exagérées, l'expédition
du Tonkin, sont incontestablement des causes
de discrédit ; la politique de casse-cou, les
réformes inopportunes, les appels à la révolte,
sont aussi des épouvantails que l'on ne peut

nier. Le péril, ce n'est pas douteux, est dans les *extrêmes*.

« Qu'est-ce à dire et que signifie ce revirement du suffrage universel ? s'écrie le *Courrier de Lyon.*

« Il signifie que l'on est las en France du radicalisme et d'une République d'extrême gauche dont nous menacent M. Clémenceau et ses amis.

« Ces messieurs ont pu avoir une majorité dans les grands centres, mais, partout ailleurs, dans l'ensemble de ce pays qui travaille et qui paye, on ne veut plus de ces réformateurs à outrance, et de ces politiciens de table rase qui n'ont à la bouche que le mot de suppression.

« Ajoutez que l'invasion des politiciens de profession et de tous les candidats bizarres, sans notoriété, sans situation et sans considération qui encombraient les listes et les affiches, était bien faite pour éloigner les électeurs les plus libéraux et les plus modérés, qui n'entendaient pas donner leur suffrage et leur confiance à un Tartempion quelconque.

« Il y a bel âge que nous prêchons l'adjonction des capacités et des talents à la représentation nationale ; il y a beau temps que nous protestons contre les nullités, les incapacités et même les indignités que l'on cherche à imposer à l'aveuglement des électeurs.

« On ne nous écoute ni on ne nous entend, et on se laisse mener par des hâbleurs de boutique et de cabaret.

« Eh bien qu'arrive-t-il ?

« Il arrive que les électeurs écœurés se réveillent, se rebiffent et qu'avec la mobilité des impressions de la foule, ils tournent casaque et vont à la réaction plutôt que de courir à l'incapacité et à la sottise.

« Nous ne pouvons dès aujourd'hui prédire quel sera le sort d'une Chambre dont la majorité sera sans fixité et sans assise sérieuse.

« Un gouvernement sera-t-il possible dans de telles conditions ?

« Faudra-t-il recourir à une dissolution, et le Sénat tant attaqué, tant décrié par M. Clémenceau et ses amis, qui ne devaient en faire qu'une bouchée, deviendra-t-il le boulevard de la République ?

« Dans tous les cas, ce qu'il importe de retenir des élections du 4 octobre, l'enseignement qui en ressort, c'est que la France ne veut ni d'une République de radicaux, ni d'une République de balayeurs, et pour rééditer un vieux mot : la République sera intelligente et libérale ou elle ne sera pas. »

11 octobre 1885.

VI

La bataille étant finie, on peut, sinon compter les morts, du moins reconnaître le terrain sur lequel la lutte s'est engagée. Je vais donc résumer les fausses manœuvres et dresser le bilan de la campagne électorale.

Tout d'abord , on ne peut le nier , la pratique du Scrutin de Liste a été déplorable: les comités, les délégués, les électeurs, manquant d'expérience, n'ont pu éviter les écueils dont la route était semée. On s'est heurté à un obstacle invincible , et qui ne disparaîtra jamais: la difficulté de réunir, dans l'ensemble d'une liste, des candidats d'une notoriété suffisante et d'aptitudes diverses, représentant les aspirations et les besoins d'un département.

L'organisation du Congrès a laissé à désirer sous tous les rapports ; les comités irréguliers et les délégués sans mandat, ressemblaient, pour la plupart, à des moutons de Panurge, obéissant à un mot d'ordre. La représentation n'était pas proportionnelle, et la majeure partie des Cantons était loin d'être représentée.

Ce qui le prouve, jusqu'à l'évidence , c'est que, dans beaucoup de communes, certaines nullités (petits potentats de clochers ou grands électeurs de villes) n'ont pu obtenir, pour les favorisés du Congrès, qu'une infime minorité.

Le choix des candidats a été inconscient et fâcheux. Les personnalités turbulentes et les politiciens de métier ont pu tenir effrontément le haut du pavé , et les éléments, qu'il était indispensable et nécessaire de voir arriver, n'ont pu se faire jour. Aussi mince résultat : tous avocats, ou.... quart d'avocats; pas un industriel, pas un agriculteur, pas un seul homme pratique.

Le défaut d'entente entre les arrondissements, — qui auraient dû, chacun, choisir et imposer leurs candidats, — a permis à Grenoble d'accaparer cinq députés sur neuf, ce qui est une étrange manœuvre, une criante injustice, contre laquelle on ne saurait trop protester.

Des nuées de candidats s'étaient abattus sur notre département comme des oiseaux de proie ; les programmes les plus insensés avaient surgi, et les postulants, voulant à tout prix être élus, avaient tout promis, tout accepté, même l'impossible... L'examen n'a pu se faire, la discussion a été étouffée, et le Congrès, sans principe et sans autorité, n'a pu que consacrer des incohérences et des anomalies.

D'ailleurs, les décisions prises, — reniées le lendemain par leurs promoteurs et leurs complices, — sont restées lettre morte, et ceux qui étaient chargés de les exécuter se sont sauvés... et courent encore.

L'élection de l'Isère, je le dis à regret, mais en toute sincérité, a été l'œuvre d'une coterie ; la masse électorale n'a été ni éclairée ni consultée ; les candidats n'ont dû leurs succès qu'à des électeurs qui ne les connaissaient pas, et le Scrutin de Liste, comme le suffrage universel, ont été, cette fois encore, non seulement l'exploitation de tous par quelques uns, mais encore le triomphe des intrigants et des ambitieux.

C'est une faute et un malheur.

Critiquera qui voudra, je crie bien haut ce que chacun dit tout bas.

J'ai fini, ami lecteur. Ai-je blessé quelqu'un? Je l'ignore et n'en ai pas eu l'intention. Ai-je dit vrai et touché juste... Je l'ignore encore. — Dans tous les cas, comme dit Montaigne, « cecy est vne œvvre de bonne foy » et, avant tout, pardessus tout, je n'ai eu qu'un but : jeter mon cri d'honnête homme !

Alea jacta est.

18 octobre 1885.

Vienne, imp. Savigné. — 1885

www.ingramcontent.com/pod-product-compliance
Lightning Source LLC
Chambersburg PA
CBHW061334050726
47595CB00005B/1912